Lassen Sie sich ihren *Low Carb* Kuchen schmecken!

EINFÜHRUNG

Es mag seltsam erscheinen, dass man durch den Verzehr von low carb cakes gesünder leben kann, aber das ist das Versprechen und die wissenschaftliche Grundlage einer Low-Carb-Diät. Sie können Ihren (Low Carb)-Kuchen haben und ihn auch essen! Durch die Einhaltung einer Low-Carb-Diät gibt es zahlreiche Vorteile, einschließlich:

- Beschleunigter Fettabbau
- Senkung des Cholesterinspiegels
- Niedrigerer Blutzucker
- Gesteigerte Energie und Vitalität

Für mich ist das Beste an fettreichen Lebensmitteln das Dessert. Vor allem die neue "Kategorie" der Lebensmittel, die nur für die Low-Carb-Diät erfunden wurde - die Fettbombe.

Um Ihnen zu helfen, das Beste aus dieser Diät herauszuholen, finden Sie unten 25 der besten Low Carb Desserts, die es gibt. Ich schlage vor, mindestens ein oder zwei Mal pro Woche eins auszuprobieren, um Ihre Motivation aufrechtzuerhalten. Sehen Sie sie als Belohnung dafür, dass Sie sich die ganze Woche über an ihre Diät gehalten haben. Dazu eignen sich besonders die portionierten Leckereien wie Kekse oder Trüffel, da sie über die Woche gelagert und genossen werden können.

Ich hoffe, dass Ihnen die Rezepte gefallen und sie Ihnen auf deinem Weg zu einem gesünderen Lebensstil helfen.

Elizabeth

Ein Hinweis zu Süssungsmitteln

Bevor wir über die verschiedenen Rezepte sprechen, möchte ich mir einen Moment Zeit nehmen, um über die Ersatz-Süßstoffe zu sprechen, die wir verwenden werden.

Sogar Leute, die nicht auf einer Low-Carb-Diät sind, haben sich mit den Gefahren von weißem Zucker vertraut gemacht. Einige Leute bezeichnen ihn sogar als "weißes Gift". Kombiniert mit dem Anstieg von Diabetes und Gewichtszunahmeproblemen haben Zuckerersatzstoffe in den letzten Jahrzehnten an Popularität gewonnen.

Inzwischen gibt es viele verschiedene Zuckerersatzstoffe, die unter verschiedenen Markennamen erhältlich sind, aber zu den gängigsten Zuckerersatzstoffen gehören Stevia und Erythritol. Ich habe aber auch eine andere natürliche Zuckeralternative aufgelistet, reinen Ahornsirup der Klasse B. Denken Sie daran, dass bei Verwendung von reinem Ahornsirup die Kohlenhydratzahl höher wäre als bei Verwendung von Stevia.

Hier sind ein paar weitere Informationen über Stevia und Erythritol, wenn Sie sich entscheiden, diese zu verwenden.

Stevia, oder Stevia-Extrakt, wie es genannt werden sollte, ist der Extrakt der Stevia-Pflanze, die natürlich vorkommt. Es ist ein kalorienfreier Süßstoff und somit perfekt für unsere Bedürfnisse. Auf dem Markt gibt es Stevia-Extrakt entweder in flüssiger oder pulverförmiger Form. Beide sind in Ordnung. Die Pulverform eignet sich besser für den Einsatz beim Backen, während die Flüssigkeit eher für flüssigkeitsbasierte Rezepte, wie z.B. Smoothies, geeignet ist. Es wird außerdem empfohlen, dass Sie Stevia kaufen, das frei von unnötigen Zusatzstoffen ist, da einige Marken ihre Produkte mit anderen künstlichen Zutaten füllen, die wir vermeiden wollen.

Erythritol hingegen ist eine natürlich vorkommende Substanz, die in einigen Früchten und Käsesorten vorkommt. Wie Stevia ist es kalorienfrei. Ein Unterschied besteht jedoch darin, dass Erythritol den Speisen ein glasiges Aussehen verleiht, was es perfekt für Glasuren, Beschichtungen und - ja - Eiscreme macht! Außerdem ist Erythrit ein 1-zu-1 Zuckerersatz, was bedeutet, dass ein Esslöffel weißer Zucker und ein Esslöffel Erythrit die gleiche Menge an Süße ergeben, so dass die Verwendung sehr einfach ist.

Beide sind sicher, hitzebeständig und geschmacksneutral. Es ist eine gute Idee, sie beide in der Speisekammer zu haben. Vorzugsweise sollten Sie etwas flüssiges Stevia und granuliertes Erythritol zur Hand haben. Wenn Sie jedoch die Wahl haben, würde ich vorschlagen, dass Sie sich für Erythritol entscheiden, weil es vielseitiger und einfacher zu verwenden ist, obwohl es ein wenig teurer ist.

Ich hoffe, dass damit die allgemeine Verwirrung über kalorienfreie Süßstoffe ausgeräumt wurde.

Also, lassen Sie uns loslegen.

VON DER AUTORIN

Dies ist ein Buch, das sich auf Low-Carb-Desserts konzentriert, weshalb Sie sich vielleicht fragen, was sie von herkömmlichen Desserts unterscheidet und was der Unterschied zwischen ihnen ist.

Zum einen erfordern viele der Rezepte einen Zuckerersatz, so dass Süßstoffe wie Stevia, Erythritol und sogar reiner Ahornsirup der Klasse B anstelle von normalem weißem Zucker verwendet werden. Dies hilft, den Kohlenhydratgehalt zu reduzieren, besonders wenn Sie Stevia oder Erythritol verwenden. Viele der Rezepte konzentrieren sich auch auf die Verwendung von vollwertigen und natürlichen Zutaten, so dass Sie Lebensmittel wie Nussbutter, Kokosnuss und ungesüßte dunkle Schokolade anstelle der verarbeiteten Versionen verwenden, die Sie in im Handel erhältlichen Desserts finden würden.

In diesem Buch finden Sie eine Vielzahl von kohlenhydratarmen Dessert-Optionen, von Kuchen und Keksen bis hin zu Eis und Fudge. Ich hoffe, dass Sie sie genauso genießen wie ich es genossen habe, dieses Buch zusammenzustellen! Das Leben ist zu kurz, um nicht ab und zu einen Leckerbissen zu genießen, und das gilt besonders, wenn man es mit diesen Low-Carb-Optionen versucht.

Abschließend wäre ich Ihnen dankbar, wenn Sie eine ehrliche Bewertung abgeben würden.

Bitte besuchen Sie den folgenden Link.

http://www.ketojane.com/rezension

Vielen Dank nochmal für das Downloaden und viel Erfolg!

ELIZABETH JANE

Diät-Labels

Innerhalb dieses Buches werden Sie feststellen, dass es Diät-Labels gibt. Diese zeigen an, ob ein Rezept glutenfrei oder paleo ist. Bitte beachten Sie, dass viele Rezepte ohne Milch hergestellt werden können, indem Sie den zugesetzten Käse entfernen oder die Milch oder Sahne durch Kokosmilch ersetzen. Auch glutenfreie Rezepte werden mit einem Label versehen. Obwohl die meisten Rezepte glutenfrei sind, führen Schwankungen bei bestimmten Produktzutaten dazu, dass nicht alle Rezepte als glutenfrei gekennzeichnet werden. Wenn Sie alle Rezepte glutenfrei zubereiten möchten, überprüfen Sie unbedingt die Etiketten auf den von Ihnen gekauften Zutaten. Sie werden außerdem feststellen, dass, wenn ein Rezept nicht als paleofreundlich gekennzeichnet ist, ich einige Vorschläge gemacht habe, wie man die meisten der Rezepte paleofreundlich macht, indem man bestimmte Zutaten ersetzt.

GF: Glutenfrei

P: Paleo

DESSERTS

SCHOKOLADEN-LAVATORTE (GF)

ZUTATEN

» 56g rohes, ungesüßtes Kakaopulver

» 60g Butter, geschmolzen

» 4 Eier

» 50ml zuckerfreie und glutenfreie Schokoladensauce

» ½ Teelöffel gemahlener Zimt

» ½ Teelöffel Meersalz

» 1 Teelöffel reines Vanilleextrakt

» 35g rohes Stevia

ANLEITUNG

1. Geben Sie 1 Esslöffel Schokoladensauce in 4 Kavitäten eines Eiswürfelbehälters und frieren Sie sie ein.
2. Den Ofen auf 180°C vorheizen. 4 Auflaufförmchen vorbereiten, indem Sie sie mit Öl oder Butter einfetten.
3. Das Kakaopulver, Stevia, Zimt und Meersalz in einer kleinen Schüssel verrühren.
4. Die Eier einzeln einrühren.
5. Fügen Sie die geschmolzene Butter und das Vanilleextrakt hinzu. Rühren Sie das Ganze gut zusammen.
6. Jedes vorbereitete Auflaufförmchen zur Hälfte mit der Mischung füllen.
7. Nehmen Sie die Schokoladensauce aus dem Gefrierschrank und legen Sie sie in jedes der Auflaufförmchen.
8. Die Schokolade mit dem restlichen Teig bedecken.
9. 13 bis 14 Minuten oder bis zum Aushärten backen. Vom Backofen auf ein Gitterrost geben und 5 Minuten abkühlen lassen.
10. Die Kuchen vorsichtig aus den Auflaufförmchen entfernen.
11. Genießen Sie Ihren leckeren und gesunden Schokoladen-Lavakuchen, indem Sie in seine geschmolzene Mitte schneiden.

NÄHRWERTINFORMATIONEN (PRO PORTION)

Kohlenhydrate Gesamt: 6 g	Ballaststoffe: 3 g	Kohlenhydrate Netto: 3 g
Protein: 8 g	Fett Gesamt: 17 g	Kalorien: 189

DEKADENTE DREISCHICHTIGE SCHOKOLADEN-SAHNE-TORTE (GF)

🥄 30 minuten   🕐 60 minuten   👤 x8

ZUTATEN

» 115g ungesüßte Schokolade

» 120g Butter

» 180g Süßstoffpulver, geteilt

» 3 Eier

» 56g + 8 Esslöffel rohes, ungesüßtes Kakaopulver

» 1 Vanilleschote

» Prise Meersalz

» 200g Schlagsahne

» Kokosnussschlagsahne

» 1 Dose Kokosmilch, über Nacht gekühlt

ANLEITUNG

1. Den Ofen auf 160°F vorheizen. Sprühen Sie etwas Speiseöl in eine Pfanne, die kleiner als 20cm ist.
2. Schokolade und Butter in einem Doppelkocher verrühren und miteinander verschmelzen. 64g Süßstoff unterrühren und bei schwacher Hitze weiterrühren, bis alles gut gemischt ist. Vom Herd nehmen und etwas abkühlen lassen.
3. Die Eier trennen und das Weiß schlagen, bis sich steife Spitzen bilden. 32g Süßstoff nach und nach hinzufügen.

4. Die Eigelbe zusammen mit einem weiteren 32g Süßstoff verrühren. Die Schokoladenmasse zu den Eigelben geben und gut umrühren. 45g Kakao zumischen, dann die Vanillesamen von der Schote kratzen und zusammen mit Salz zu der Mischung hinzufügen.
5. Eiweiß langsam unter die Schokoladenmasse heben, aber nicht zu stark vermischen.
6. Im vorgeheizten Backofen 1 Stunde lang oder bis ein Zahnstocher sauber herauskommt backen. Vollständig abkühlen lassen und dann aus der Pfanne nehmen.

Creme:

1. Um die 3 Arten der Füllung zuzubereiten, schlagen Sie die Schlagsahne ca. 6-7 Minuten lang, bis sie sehr dick wird. Fügen Sie langsam 64g Süßstoff hinzu.
2. Die Sahne in zwei Hälften teilen und eine Hälfte in eine Schüssel geben. Die restliche Sahne wieder in zwei Hälften teilen und in weitere 2 separate Schalen geben. Sie werden 3 Schalen haben, eine mit ½ der Creme und zwei mit jeweils ¼ der Creme.
3. Nehmen Sie eine Schüssel mit ¼ der Sahne, fügen 1 Esslöffel Kakaopulver hinzu und mischen es gut durch. Dies wird die hellste Creme sein.
4. Fügen Sie ½ der Sahne in die Schüssel und fügen 3 Esslöffel Kakaopulver hinzu. Mischen, bis sie gut verteilt sind. Dies wird die mittlere Creme sein.
5. Fügen Sie 3-4 Esslöffel Kakaopulver in die letzte Schale mit ¼ der Sahne hinzu. Das wird die dunkelste Creme sein.

Aufbau:

1. Den Kuchen mit einem sehr scharfen Messer horizontal in 3 gleiche Scheiben schneiden.
2. Den unteren Teil auf einen Servierteller legen und mit der mittelfarbigen Creme übergießen. Wiederholen Sie dies mit der zweiten Schicht.
3. Mit dem dritten Kuchenstück bedecken und die helle Creme darauf verteilen, gefolgt von der dunkelsten Creme.
4. In 8 Scheiben schneiden und genießen.

NÄHRWERTINFORMATIONEN (PRO PORTION)

Kohlenhydrate Gesamt: 11 g	**Ballaststoffe: 6 g**	**Kohlenhydrate Netto: 5 g**
Protein: 7 g	**Fett Gesamt: 27 g**	**Kalorien: 304**

INDIVIDUALLE ERDBEER-KÄSEKUCHEN (GF)

ZUTATEN

Kruste

- » » 48g Mandelmehl
- » » 3 Esslöffel Butter, geschmolzen (Kokosöl für eine Paleo-Version verwenden)
- » » 32g Zuckerersatz (verwenden Sie reinen Ahornsirup der Klasse B für eine Paleoversion)

Füllung

- » 6 Erdbeeren
- » 3 Esslöffel Zuckerersatz (verwenden Sie reinen Ahornsirup der Klasse B für eine Paleoversion)
- » 227g Frischkäse (verwenden Sie vollfette, ungesüßte Kokosnusscreme für eine Paleoversion)
- » 66g saure Sahne (bei einer Paleo-Version eliminieren)
- » ½ Teelöffel reiner Vanilleextrakt
- » 4 Erdbeeren, geviertelt (zum Garnieren)
- » Frische Minzblätter (optional zum Garnieren)

ANLEITUNG

1. Um die Kruste vorzubereiten, geben Sie das Mandelmehl, die geschmolzene Butter und den Zuckerersatz in eine mittelgroße Schüssel und mischen Sie sie gut zusammen.
2. Die Mischung gleichmäßig in 4 kleine Servierschalen oder Auflaufförmchen verteilen und mit den Händen leicht andrücken.
3. Zur Vorbereitung der Füllung die Erdbeeren in einer Küchenmaschine pürieren.
4. Zuckerersatz, Vanilleextrakt, Frischkäse und Sauerrahm hinzufügen. Mischen, bis sie glatt und cremig sind.
5. Die Mischung über die Kruste gießen und mindestens 1 Stunde kalt stellen.

NÄHRWERTINFORMATIONEN (PRO PORTION)

Kohlenhydrate Gesamt: 12 g	Ballaststoffe: 3 g	Kohlenhydrate Netto: 9 g
Protein: 8 g	Fett Gesamt: 47 g	Kalorien: 489

BROWNIE-KÄSEKUCHEN-RIEGEL (GF)

50 minuten   **55 minuten**   **x6**

ZUTATEN

Brownie-Schicht

» 56g Zartbitterschokolade, gehackt
» 120g Butter, weich
» 38g rohes, ungesüßtes Kakaopulver
» 48g Mandelmehl
» 2 große Eier
» 64g Zuckerersatz
» ½ Teelöffel reiner Vanilleextrakt
» ¼ Teelöffel Salz

Käsekuchen-Schicht

» 2 große Eier
» 450g Frischkäse, weich
» 43g Zuckerersatz
» 50g Schlagsahne
» ½ Teelöffel reiner Vanilleextrakt

ANLEITUNG

1. Den Ofen auf 160°C vorheizen.
2. Eine 8x8 Glasauflaufform mit Butter oder Öl einfetten.
3. Schokolade und Butter in einem kleinen Topf bei mittlerer Hitze zusammenschmelzen. Rühren Sie das Ganze gut zusammen.
4. Mandelmehl, Kakaopulver und Salz in einer kleinen Schüssel verrühren.
5. Eier, Zuckerersatz und Vanilleextrakt in einer großen Schüssel schaumig schlagen. Die geschmolzene Schokoladenmasse langsam unterrühren.
6. Die Mandelmehlmischung unterrühren und glatt rühren.
7. In die vorbereitete Auflaufform geben und 20 Minuten backen. Auf ein Gitterrost legen und abkühlen lassen.
8. Für die Käsekuchenschicht Frischkäse, Eier, Zuckerersatz, Schlagsahne und Vanilleextrakt mit einem Handmixer vermengen.
9. Reduzieren Sie die Ofentemperatur auf 150°C. Den Teig über die gebackenen Brownies gießen und 40 bis 45 Minuten oder bis zum Aushärten in den Ofen legen.
10. Aus dem Ofen nehmen und vor dem Servieren mindestens 2 Stunden im Kühlschrank abkühlen lassen.

NÄHRWERTINFORMATIONEN (PRO PORTION)

| Kohlenhydrate Gesamt: 12 g | Ballaststoffe: 3 g | Kohlenhydrate Netto: 9 g |
| Protein: 13 g | Fett Gesamt: 54 g | Kalorien: 566 |

REICHHALTIGER SCHOKOLADENPUDDING (GF)

ZUTATEN

- » 480ml Kokosnussmilch, aus der Dose
- » 28g rohes, ungesüßtes Kakaopulver
- » 1 Esslöffel Stevia
- » 2 Esslöffel Gelatine
- » 4 Esslöffel Wasser
- » 100g Schlagsahne, steif geschlagen
- » 30g gehackte Zartbitterschokolade (optional zum Garnieren)

ANLEITUNG

1. Kokosmilch, Kakaopulver und Stevia in einem kleinen Topf bei mittlerer Hitze erhitzen. Rühren Sie, bis sich Kakaopulver und Stevia aufgelöst haben.
2. Die Gelatine mit dem Wasser vermischen, in den Topf geben und gut verrühren.
3. Die Mischung in 4 kleine Auflaufförmchen oder Gläser gießen.
4. Die Auflaufförmchen mindestens 1 Stunde lang in den Kühlschrank stellen.
5. Mit Schlagsahne und ggf. gehackter Schokolade bestreuen.

NÄHRWERTINFORMATIONEN (PRO PORTION)

Kohlenhydrate Gesamt: 14 g	Ballaststoffe: 5 g	Kohlenhydrate Netto: 10 g
Protein: 8 g	Fett Gesamt: 37 g	Kalorien: 389

FRISCHE ERDBEEREN MIT KOKOS-CREME (GF, P)

🥄 5 minuten   🕐 3 minuten   👤👤👤👤

ZUTATEN

- » 2 Dosen Kokosnusscreme, gekühlt
- » 560g Erdbeeren (es können auch Blaubeeren, Brombeeren, Himbeeren oder eine Kombination verwendet werden)
- » 30g gehackte ungesüßte 70% oder dunklere Schokolade

ANLEITUNG

1. Die feste Kokoscreme (die Flüssigkeit im Boden der Dose für den weiteren Gebrauch aufbewahren) in eine große Schüssel geben und mit einem Handrührgerät ca. 5 Minuten auf hoher Stufe mischen, bis sich steife Spitzen bilden.
2. Die Erdbeeren in Scheiben schneiden und in 4 kleinen Servierschalen anrichten.
3. Die Kokoscreme auf die Erdbeeren geben.
4. Mit gehackter dunkler Schokolade und zusätzlichen Beeren garnieren.
5. Servieren und genießen!

NÄHRWERTINFORMATIONEN (PRO PORTION)

Kohlenhydrate Gesamt: 15 g	Ballaststoffe: 5 g	Kohlenhydrate Netto: 10 g
Protein: 4 g	Fett Gesamt: 31 g	Kalorien: 342

SCHOKO-NUSS-MILCHSHAKE (GF)

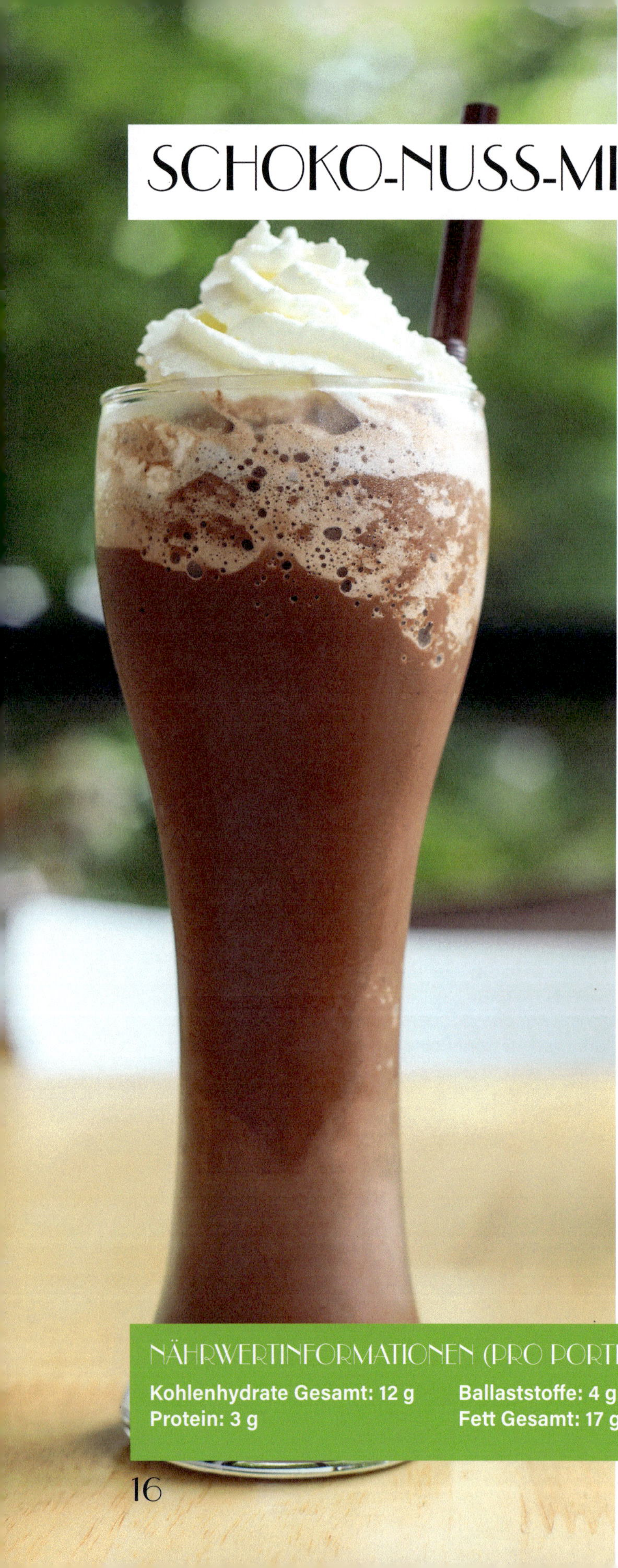

ZUTATEN

- » 400ml ungesüßte Kokos-, Mandel- oder Kuhmilch - nach Wahl.
- » 1 Banane, geschnitten und gefroren
- » 15g ungesüßte Kokosraspeln
- » 150g Eiswürfel
- » 28g Macadamianüsse, gehackt
- » 3 Esslöffel zuckerfreier Süßstoff (verwenden Sie reinen Ahornsirup der Klasse B für eine Paleo-Version)
- » 2 Esslöffel rohes, ungesüßtes Kakaopulver
- » Geschlagene Kokosnusscreme (optional zum Garnieren)

ANLEITUNG

1. Alle Zutaten in einen Mixer geben und verrühren, bis sie glatt und cremig sind.
2. Gleichmäßig auf 4 "Mocktail"-Gläser verteilen und auf Wunsch mit geschlagener Kokosnusscreme bedecken.
3. Fügen Sie einen Cocktailschirm und geröstete Kokosnüsse hinzu, um das Flair zu verstärken.
4. Genießen Sie Ihren köstlichen Schoko-Nuss-Smoothie!

NÄHRWERTINFORMATIONEN (PRO PORTION)

Kohlenhydrate Gesamt: 12 g	Ballaststoffe: 4 g	Kohlenhydrate Netto: 8 g
Protein: 3 g	Fett Gesamt: 17 g	Kalorien: 199

BUTTER-PEKANNUSS-EISCREME (GF)

ZUTATEN

- » 28g gehackte Pekannüsse
- » ⅛ Teelöffel Xanthan-Gummi
- » 2 Eigelbe
- » 1 Teelöffel reiner Vanilleextrakt
- » 32g Zuckerersatz
- » 2 Esslöffel Butter
- » 230g Crème Double

ANLEITUNG

1. Die Butter in einem kleinen Topf bei mittlerer Hitze schmelzen. Die Crème Double nach dem Schmelzen in die Butter einrühren und leicht braun werden lassen.
2. Den Zuckerersatz unterrühren und mischen, bis er sich aufgelöst hat.
3. Xanthan-Gummi zugeben und gut verrühren. In eine große, metallene Schüssel geben und abkühlen lassen.
4. Die Eigelbe langsam und einzeln mit einem Handrührgerät hinzufügen.
5. Die Pekannüsse und das Vanilleextrakt unterrühren.
6. Die Schüssel für mindestens 4 Stunden in den Gefrierschrank stellen und jede Stunde gut umrühren.
7. Aus dem Gefrierschrank nehmen und in Servierschalen abfüllen.
8. Auf Wunsch mit zusätzlichen gehackten Pekannüssen garnieren und servieren!

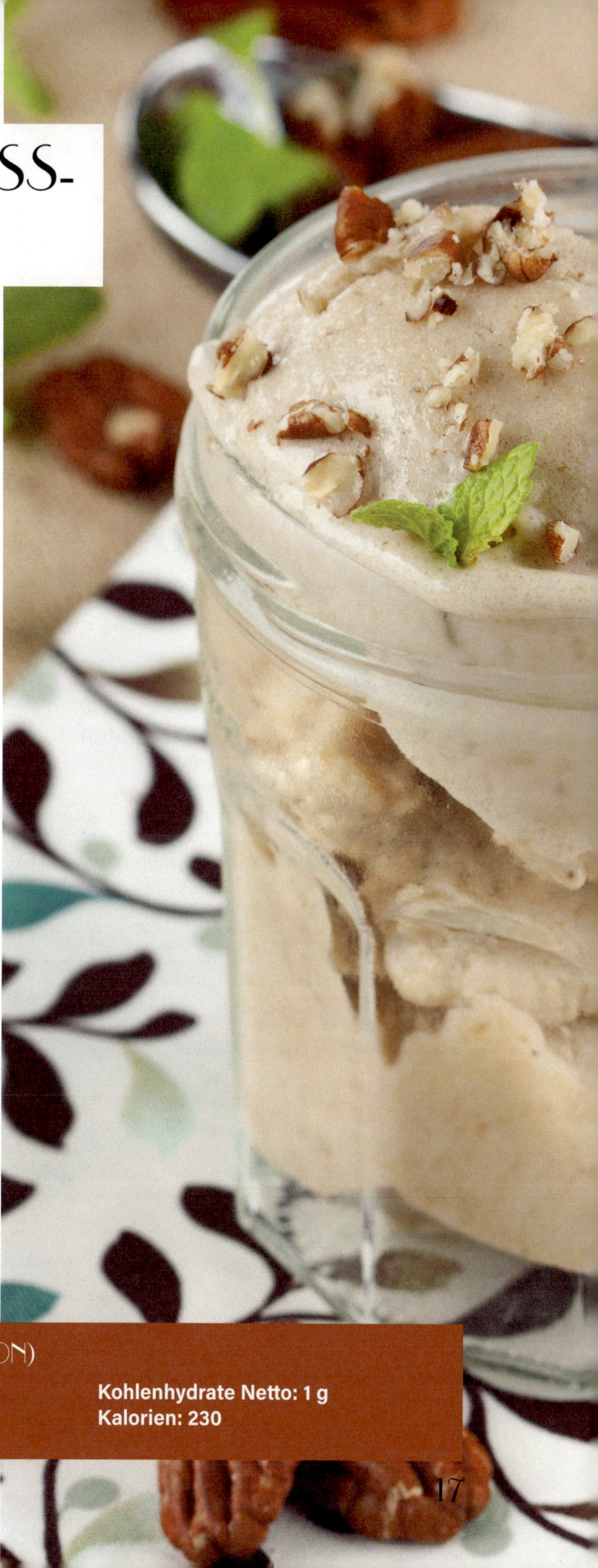

NÄHRWERTINFORMATIONEN (PRO PORTION)

Kohlenhydrate Gesamt: 2 g	**Ballaststoffe: 1 g**	**Kohlenhydrate Netto: 1 g**
Protein: 3 g	**Fett Gesamt: 24 g**	**Kalorien: 230**

UNKOMPLIZIERTE HEIDELBEER-EISCREME (GF)

🥄 15 minuten   🕐 0 minuten   👤👤👤👤

ZUTATEN

» 57g Crème fraîche oder saure Sahne (bitte unbedingt das Etikett für das GF-Label beachten)

» 230g Crème Double

» 25g frische Heidelbeeren

» 1 Eigelb, geschlagen

» 2 Teelöffel reines Vanilleextrakt

ANLEITUNG

1. Die Crème fraîche mit dem Handrührgerät schaumig schlagen.
2. Die Crème double in einer separaten Schüssel verrühren, bis sich leichte Spitzen bilden.
3. Die Crème fraîche vorsichtig unter die geschlagene Sahne heben.
4. Die Heidelbeeren in einer Küchenmaschine oder einem Mixer pürieren, bis die Masse glatt ist.
5. Heidelbeerpüree, Eigelb und Vanilleextrakt in die Creme einrühren. Mischen, bis sie gut vermischt sind.
6. Die Mischung in eine Form geben und 2 Stunden lang einfrieren, dabei alle 30 Minuten gut umrühren.
7. In Servierschalen füllen und Ihr frisches Heidelbeereis genießen!

NÄHRWERTINFORMATIONEN (PRO PORTION)

Kohlenhydrate Gesamt: 3 g	Ballaststoffe: 0 g	Kohlenhydrate Netto: 3 g
Protein: 2 g	Fett Gesamt: 15 g	Kalorien: 153

KAROTTENKUCHEN MIT FRISCHKÄSEÜBERGUSS (GF)

 **15 minuten**    **30 minuten**    **x6**

ZUTATEN

Karottenkuchen

- » 194g fein geriebene Karotten
- » 96g Zuckerersatz
- » 32g brauner Zuckerersatz
- » 105g Kokosöl, geschmolzen
- » 2 große Eier
- » 32g Flachsmehl
- » ½ Teelöffel Backpulver
- » ½ Teelöffel gemahlener Zimt
- » ¼ Teelöffel gemahlene Muskatnuss
- » 72g Mandelmehl

Frischkäseüberguss

- » 227g Frischkäse, weich.
- » 2 Esslöffel reiner Ahornsirup der Klasse B
- » ¼ Teelöffel reiner Vanilleextrakt
- » 28g geröstete Walnüsse, gehackt (optional zum Garnieren)

ANLEITUNG

1. Den Ofen auf 180°C vorheizen. Eine 22cm große runde Kuchenform mit Butter oder Öl einfetten.
2. Zucker, Kokosöl und Eier mit einem Handrührgerät mischen.
3. Die trockenen Zutaten in einer separaten Schüssel gut verrühren.
4. Ügen Sie die trockenen Zutaten langsam hinzu und mischen Sie weiter, bis keine Klumpen mehr übrig sind.
5. Die geriebenen Karotten unterrühren und in die vorbereitete Kuchenform geben. 30 Minuten lang oder bis ein Zahnstocher sauber herauskommt backen.
6. Aus dem Ofen nehmen und abkühlen lassen.
7. Für die Zubereitung der Glasur Frischkäse, Ahornsirup und Vanilleextrakt luftig schlagen.
8. Den Kuchen mit dem Überguss bestreichen, mit gerösteten Walnüssen bestreuen, in Scheiben schneiden und servieren!

NÄHRWERTINFORMATIONEN (PRO PORTION)

Kohlenhydrate Gesamt: 14 g	Ballaststoffe: 5 g	Kohlenhydrate Netto: 9 g
Protein: 11 g	Fett Gesamt: 45 g	Kalorien: 479

KOKOS-MANDEL-COOKIES (GF)

 10 minuten    15 minuten    x6

ZUTATEN

- » 120g Mandelmehl
- » 75g ungesüßte Kokosraspel
- » 3 große Eier
- » 6 Esslöffel Butter, weich (Kokosöl für eine Paleoversion verwenden)
- » 43g Zuckerersatz (reinen Ahornsirup der Klasse B für eine Paleoversion verwenden)
- » 1 Teelöffel Mandel-Extrakt
- » ¼ Teelöffel gemahlener Zimt
- » ¼ Teelöffel Meersalz

ANLEITUNG

1. Den Ofen auf 180°C vorheizen. Bereiten Sie ein Metall-Backblech mit Backpapier oder Antihaft-Spray vor.
2. Mit einem Handmixer den Zuckerersatz mit der aufgeweichten Butter zu einem glatten und cremigen Masse vermengen.
3. Die Eier einzeln hinzufügen und gut vermischen.
4. Das Mandelmehl, das Mandel-Extrakt, den Zimt und das Salz mit dem Mixer auf niedriger Stufe hinzufügen und bis zum Zusammenrühren mischen.
5. Die Kokosraspel unterrühren.
6. Löffelweise auf das Blech fallen lassen.
7. 12-15 Minuten backen, bis die Ränder goldbraun sind.
8. Aus dem Ofen nehmen und auf einem Gitterrost abkühlen lassen.

NÄHRWERTINFORMATIONEN (PRO PORTION)

Kohlenhydrate Gesamt: 5 g	Ballaststoffe: 3 g	Kohlenhydrate Netto: 2 g
Protein: 7 g	Fett Gesamt: 25 g	Kalorien: 271

ERDNUSSBUTTER-GELEE-COOKIES (GF)

 10 minuten    12 minuten    x6

ZUTATEN

» 160g cremige Erdnussbutter

» 57g zuckerfreies Erdbeer-Gelee (bitte unbedingt das Etikett für das GF-Label beachten)

» 32g Mandelmehl

» 1 Ei

» 64g Zuckerersatz

» ¼ Teelöffel reiner Vanilleextrakt

» ¼ Teelöffel Backpulver

» ¼ Teelöffel Meersalz

ANLEITUNG

1. Den Ofen auf 180°C vorheizen. Bereiten Sie ein Metall-Backblech mit Backpapier oder Antihaft-Spray vor.
2. Das Ei zusammen mit der Erdnussbutter und dem Zuckerersatz in einer großen Schüssel schaumig schlagen. Mandelmehl, Backpulver, Salz und Vanilleextrakt hinzufügen. Gut vermischen, um einen Teig zu bilden.
3. Die Masse zu kleinen Kugeln formen und auf dem vorbereiteten Backblech anrichten.
4. In der Mitte jedes Kekses einen kleinen Vertiefung machen und mit ca. 1 Teelöffel des Gelees füllen.
5. 10-12 Minuten backen, bis die Kekse goldbraun sind.
6. Auf einem Gitterrost abkühlen lassen und genießen!

NÄHRWERTINFORMATIONEN (PRO PORTION)

Kohlenhydrate Gesamt: 7 g	Ballaststoffe: 2 g	Kohlenhydrate Netto: 5 g
Protein: 9 g	Fett Gesamt: 18 g	Kalorien: 209

ZARTBITTERSCHOKOLADE-TRÜFFEL (GF)

 10 minuten  20 minuten x6

ZUTATEN

- » 113g ungesüßte Zartbitterschokolade (80% Kakao oder höher)
- » 1 Esslöffel rohes, ungesüßtes Kakaopulver
- » 1 Esslöffel reiner Ahornsirup der Klasse B
- » 1½ Esslöffel Butter (Kokosöl für eine Paleoversion verwenden)
- » 78g Crème double (verwenden Sie vollfette ungesüßte Kokosnusscreme für eine Paleoversion)
- » ¼ Teelöffel reiner Vanilleextrakt
- » ¼ Teelöffel gemahlener Zimt
- » Prise Meersalz

ANLEITUNG

1. Die Schokolade fein hacken.
2. Die Crème double in einem kleinen Topf bei mittlerer bis niedriger Hitze erhitzen. Die gehackte Schokolade und die Butter unterrühren. Rühren, bis sie geschmolzen und gut miteinander vermischt sind.
3. Vom Herd nehmen und Vanilleextrakt, Ahornsirup, Salz und Zimt einrühren.
4. Die Mischung für mindestens 2 Stunden in den Kühlschrank stellen.
5. Die Mischung nach dem Abkühlen aus dem Kühlschrank nehmen und mit den Handflächen zu kleinen Kugeln formen.
6. Jede Kugel in Kakaopulver rollen, bis sie vollständig bedeckt ist.
7. In einem luftdichten Behälter im Kühlschrank aufbewahren.

NÄHRWERTINFORMATIONEN (PRO PORTION)

Kohlenhydrate Gesamt: 11 g	Ballaststoffe: 1 g	Kohlenhydrate Netto: 10 g
Protein: 2 g	Fett Gesamt: 11 g	Kalorien: 160

SCHOKO-KOKOS-BISSEN (GF)

 5 minuten    7 minuten    x6

ZUTATEN

» 113g ungesüßte Zartbitterschokolade (80% Kakao oder mehr)

» 15g ungesüßte Kokosraspel

» 150g Kokosnussmehl

» 1 Esslöffel Schokoladenproteinpulver (verwenden Sie eine paleofreundliche Version, wenn Sie eine Paleo-Diät einhalten)

» 4 Esslöffel Kokosöl

» 78g Crème double (verwenden Sie vollfette ungesüßte Kokosmilch für eine Paleoversion)

ANLEITUNG

1. Die Schokolade in kleine Stücke schneiden.
2. Die Crème double in einem kleinen Topf bei mittlerer bis niedriger Hitze erhitzen. Schokolade und Kokosöl dazugeben und umrühren, bis sie geschmolzen und gut vermischt ist.
3. Vom Herd nehmen und Kokosmehl und Eiweißpulver unterrühren.
4. Diese Mischung mindestens 2 Stunden lang in den Kühlschrank stellen.
5. Nach dem Abkühlen aus dem Kühlschrank nehmen und mit den Handflächen zu kleinen Kugeln formen.
6. Rollen Sie jede Kugel in den Kokosraspeln, bis sie vollständig bedeckt ist.
7. In einem luftdichten Behälter im Kühlschrank aufbewahren.

NÄHRWERTINFORMATIONEN (PRO PORTION)

Kohlenhydrate Gesamt: 12 g	Ballaststoffe: 3 g	Kohlenhydrate Netto: 9 g
Protein: 9 g	Fett Gesamt: 27 g	Kalorien: 326

SCHOKO-WALNUSS-FUDGE (GF)

 10 minuten    5 minuten   👤👤👤👤

ZUTATEN

- » 2 Esslöffel rohes, ungesüßtes Kakaopulver
- » 2 Esslöffel Zuckerersatz (reiner Ahornsirup der Güteklasse B für eine Paleoversion verwenden)
- » 3 Esslöffel Kokosöl
- » 28g gehackte Walnüsse
- » 57g Crème double (verwenden Sie vollfette ungesüßte Kokosmilch für eine Paleoversion)
- » 1 Teelöffel reines Vanilleextrakt

ANLEITUNG

1. Das Kokosöl in eine Metallschüssel auf einen Topf mit siedendem Wasser geben. Rühren, bis es geschmolzen ist.
2. Das Kakaopulver und den Zuckerersatz unterrühren.
3. Vom Herd nehmen und Walnüsse, Schlagsahne und Vanilleextrakt unterrühren.
4. Gut verrühren und in Schokoladenformen oder auf ein quadratisches Tablett füllen.
5. Abkühlen lassen und zum Aushärten in den Kühlschrank stellen.
6. Aus dem Kühlschrank nehmen und Ihre köstlichen Schoko-Nuss-Fudge genießen.

NÄHRWERTINFORMATIONEN (PRO PORTION)

Kohlenhydrate Gesamt: 3 g	**Ballaststoffe: 1 g**	**Kohlenhydrate Netto: 2 g**
Protein: 3 g	**Fett Gesamt: 18 g**	**Kalorien: 168**

EINFACHE PEKANNUSS- UND AHORNSIRUP-QUADRATE (GF)

 10 minuten  25 minuten  x6

ZUTATEN

» 106g Pekannüsse (halbiert)

» 3 Esslöffel reiner Ahornsirup der Klasse B

» 48g Mandelmehl

» 28g Flachsmehl

» 15g ungesüßt Kokosraspel

» 52g Kokosöl, geschmolzen

» 1 Ei, geschlagen

» 2 Esslöffel Zuckerersatz (reinen Ahornsirup der Güteklasse B für eine Paleoversion verwenden)

» 42g Schokoladensplitter (optional) (für eine Paleoversion weglassen)

ANLEITUNG

1. Den Ofen auf 180°C Grad vorheizen. Ein Backblech mit Backpapier auslegen. Die Pekannüsse auf das Backblech legen und 7 Minuten backen, bis sie geröstet sind und duften.
2. Pekannüsse aus dem Ofen nehmen und abkühlen lassen. Die Pekannüsse nach dem Abkühlen zerkleinern und einige Hälften zum Garnieren beiseitelegen.
3. Flachsmehl, Mandelmehl, gehackte Pekannüsse und zerkleinerte Kokosnüsse in einer großen Schüssel mischen.
4. Ahornsirup, Kokosöl, Ei und Zuckerersatz unterrühren. Gut mischen. Fügen Sie bei Bedarf die zuckerfreien Schokostückchen hinzu.
5. Geben Sie den Teig in eine 22 x 8cm große Form, die mit Antihaft-Spray vorbereitet wurde.
6. Bei 180°C 20 Minuten lang oder bis ein Zahnstocher sauber herauskommt backen.
7. Aus dem Ofen nehmen und abkühlen lassen. Nach dem Abkühlen mindestens 2 Stunden im Kühlschrank aufbewahren.
8. In Quadrate schneiden und genießen!

NÄHRWERTINFORMATIONEN (PRO PORTION)

Kohlenhydrate Gesamt: 12 g	Ballaststoffe: 4 g	Kohlenhydrate Netto: 8 g
Protein: 5 g	Fett Gesamt: 21 g	Kalorien: 233

KOKUSNUSSCREME-BROWNIES (GF)

ZUTATEN

- » 180g Kokosbutter, geschmolzen
- » 78g Kokosnusscreme
- » 28g rohes, ungesüßtes Kakaopulver
- » 23g Kokosmehl
- » 2 Esslöffel Butter, geschmolzen (Kokosöl für eine Paleoversion verwenden)
- » 64g Zuckerersatz (verwenden Sie reinen Ahornsirup der Güteklasse B für eine Paleoversion)
- » 1 Ei
- » 1 Teelöffel reiner Vanilleextrakt
- » ¼ Teelöffel Backpulver
- » Prise Meersalz

ANLEITUNG

1. Kokosmehl, Kakaopulver, Zuckerersatz, Backpulver und Salz in einer großen Schüssel verrühren.
2. Kokosbutter, Kokoscreme und Butter in einer separaten Schüssel gut verrühren. Ei und Vanilleextrakt unterrühren.
3. Die trockenen Zutaten langsam in die feuchten Zutaten einrühren und gut vermischen.
4. Die Mischung in eine 22 x 8cm große Form geben, die mit Antihaft-Spray vorbereitet wurde.
5. Bei 180°C 20 Minuten lang oder bis ein Zahnstocher sauber herauskommt backen.
6. Aus dem Ofen nehmen und auf Raumtemperatur abkühlen lassen.
7. In Quadrate schneiden und genießen!

NÄHRWERTINFORMATIONEN (PRO PORTION)

Kohlenhydrate Gesamt: 5 g	Ballaststoffe: 3 g	Kohlenhydrate Netto: 2 g
Protein: 3 g	Fett Gesamt: 17 g	Kalorien: 175

MINI SCHOKOLADEN-AVOCADO-TÖRTCHEN (GF)

 15 minuten    8 minuten   

ZUTATEN

Tortenkruste

» 2 Esslöffel Mandelmehl

» 1 Esslöffel Zuckerersatz (reinen Ahornsirup der Güteklasse B für eine Paleoversion verwenden)

» 1 großes Eiweiß

» 32g Flachsmehl

Mittlere Schicht

» 4 Esslöffel cremige Erdnussbutter (verwenden Sie Mandelbutter für eine Paleoversion)

» 2 Esslöffel Butter (Kokosöl für eine Paleoversion verwenden)

Obere Schicht

» 1 mittlere Avocado

» 4 Esslöffel rohes, ungesüßtes Kakaopulver

» 32g Zuckerersatz (verwenden Sie reinen Ahornsirup der Klasse B für eine Paleoversion)

» 2 Esslöffel Schlagsahne (verwenden Sie vollfette ungesüßte Kokosmilch für eine Paleoversion)

» ½ Teelöffel reines Vanilleextrakt

ANLEITUNG

1. Den Ofen auf 180°C vorheizen.
2. Mandelmehl, Flachsmehl, 1 Esslöffel Zuckerersatz und Eiweiß in einer kleinen Schüssel vermengen.
3. Die Mischung in 4 kleine Tortenförmchen drücken. Ca. 8 Minuten backen, bis sie goldgelb sind. Aus dem Ofen nehmen und leicht abkühlen lassen.
4. Erdnussbutter und Butter in einem kleinen Topf bei mittlerer bis niedriger Hitze schmelzen und gut verrühren. Gleichmäßig auf die gebackenen Tortenschalen verteilen. In den Kühlschrank stellen und 30 Minuten abkühlen lassen.
5. Avocado, Kakaopulver, Zuckerersatz, Schlagsahne und Vanilleextrakt in einem Mixer oder einer Küchenmaschine mischen.
6. Die Törtchen aus dem Kühlschrank nehmen, mit der Avocadomischung belegen und mindestens 1 Stunde lang in den Kühlschrank zurückkehren.
7. Servieren und genießen!

NÄHRWERTINFORMATIONEN (PRO PORTION)

Kohlenhydrate Gesamt: 15 g	Ballaststoffe:10 g	Kohlenhydrate Netto: 5 g
Protein: 11 g	Fett Gesamt: 33 g	Kalorien: 367

SCHOKOLADENÜBERZOGENE MAKRONEN (GF)

 **10 minuten**    **25 minuten**   

ZUTATEN

- » 60g ungesüßte Kokosraspeln
- » 57g Zartbitterschokolade (80% Kakao oder mehr)
- » 2 große Eiweiß
- » 32g Zuckerersatz (verwenden Sie reinen Ahornsirup der Klasse B für eine Paleoversion)
- » 2 Esslöffel Kokosöl
- » 1 Teelöffel reiner Vanilleextrakt
- » Prise Meersalz

ANLEITUNG

1. Den Ofen auf 180°C vorheizen. Bereiten Sie ein Metall-Backblech mit Backpapier vor.
2. Die Kokosraspeln gleichmäßig auf das Backblech verteilen und 3-5 Minuten im Ofen rösten lassen, bis sie hellbraun sind und duften.
3. Das Eiweiß mit einem Elektromixer in einer großen Rührschüssel verrühren. Den Zuckerersatz langsam zugeben und weiter mischen, bis sich steife Spitzen bilden.
4. Die geröstete Kokosnuss, den Vanilleextrakt und das Salz unterrühren.
5. Ein Backblech mit Backpapier auslegen. Die Mischung mit einem kleinen Eislöffel zu Kugeln formen und auf das vorbereitete Backblech fallen lassen.
6. 15-18 Minuten lang goldbraun backen. Aus dem Ofen nehmen und auf einem Gitterrost abkühlen lassen.
7. Schmelzen Sie die dunkle Schokolade zusammen mit dem Kokosöl in einer kleinen, mikrowellengeeigneten Schale. Rühren Sie das Ganze gut zusammen.
8. Die Makronen mit der geschmolzenen Schokolade übergießen und genießen!

NÄHRWERTINFORMATIONEN (PRO PORTION)

Kohlenhydrate Gesamt: 8 g	Ballaststoffe: 2 g	Kohlenhydrate Netto: 6 g
Protein: 3 g	Fett Gesamt: 12 g	Kalorien: 143

ERDNUSSBUTTER-COOKIES (GF)

 **10 minuten**　　 **15 minuten**　　 **x6**

ZUTATEN

- » 120g cremige Erdnussbutter (verwenden Sie Mandelbutter für eine Paleoversion)
- » 75g Kokosnussmehl
- » 32g Zuckerersatz (verwenden Sie reinen Ahornsirup der Klasse B für eine Paleoversion)
- » 1 Ei
- » ¼ Teelöffel reines Vanilleextrakt
- » Prise Meersalz

ANLEITUNG

1. Den Ofen auf 180°C vorheizen. Bereiten Sie ein Metall-Backblech mit Backpapier oder Antihaft-Spray vor.
2. Alle Zutaten mit einem Elektromixer mischen, bis sich ein glatter Teig bildet.
3. Den Teig zu walnussgroßen Kugeln formen und auf dem vorbereiteten Backblech anrichten.
4. Mit einer Gabel Kreuzmarkierungen auf den Kugeln zu Plätzchen formen und 14-16 Minuten im Ofen goldbraun backen.

NÄHRWERTINFORMATIONEN (PRO PORTION)

Kohlenhydrate Gesamt: 5 g	Ballaststoffe: 3 g	Kohlenhydrate Netto: 2 g
Protein: 7 g	Fett Gesamt: 14 g	Kalorien: 160

ZARTBITTERSCHOKOLADENTORTE (GF)

 **20 minuten**  **30 minuten** 

ZUTATEN

Kruste

» 150g Kokosnussmehl

» 32g Flachsmehl

» 3 Esslöffel Zuckerersatz (je nach Geschmack dosieren)

» 120g Butter

» 4 Eiweiß

Füllung

» 56g rohes, ungesüßtes Kakaopulver

» 230g Crème double

» 2½ Teelöffel Gelatinepulver

» 32g Zuckerersatz (je nach Geschmack dosieren)

» 1 Teelöffel reines Vanilleextrakt

» 37g Pistazien, in Scheiben geschnitten

ANLEITUNG

1. Zur Vorbereitung der Kruste: Den Ofen auf 190°C vorheizen. Bereiten Sie eine kleine Tortenformmit Antihaft-Spray vor.
2. Alle Zutaten der Kruste in einer Küchenmaschine mischen und rühren, bis sie gut vermischt sind. Die Masse in die vorbereitete Tortenform drücken und ca. 15 Minuten backen. Aus dem Ofen nehmen und abkühlen lassen.
3. Zur Vorbereitung der Füllung: Alle Zutaten der Füllung (außer der Pistazien) in einem Mixer oder einer Küchenmaschine mischen und zu einer glatten und cremigen Masse verrühren.
4. Die Mischung in die Kruste gießen, mit Frischhaltefolie abdecken und mindestens 2 Stunden im Kühlschrank aufbewahren.
5. Mit Pistazien bestreuen und servieren!

ZUSÄTZLICHER TIPP

* Die Zeit im Kühlschrank kann variieren, also achten Sie auf die Textur der Füllung. Sie muss in der Mitte fest sein.

NÄHRWERTINFORMATIONEN (PRO PORTION)

Kohlenhydrate Gesamt: 13 g	Ballaststoffe: 7 g	Kohlenhydrate Netto: 6 g
Protein: 13 g	Fett Gesamt: 46 g	Kalorien: 490

ERDNUSSBUTTER-CUPS (GF)

ZUTATEN

» 87g ungesüßte dunkle Schokoladen-Backchips

» 105g Kokosnussöl

» 120g ungesüßte Erdnussbutter (verwenden Sie Mandelbutter für eine Paleoversion)

» 1 Teelöffel reines Vanilleextrakt

» 2 Esslöffel Zuckerersatz (reinen Ahornsirup der Güteklasse B für eine Paleoversion verwenden)

» 1 Teelöffel Meersalz

ANLEITUNG

1. Mini-Muffinform mit Muffinpapierchen auslegen.
2. Zartbitterschokolade, Kokosöl, Vanilleextrakt, Zuckerersatz und Meersalz in einen Topf geben und umrühren, bis sie vollständig geschmolzen sind.
3. Etwa 2 Teelöffel der Schokoladenmischung in den Boden jeder Muffinform geben und eine Kugel Erdnussbutter hinzugeben. Zum Aushärten ca. 5 Minuten in den Gefrierschrank stellen.
4. Das Blech aus dem Gefrierschrank nehmen und mit weiteren 2 Teelöffeln der geschmolzenen Schokoladenmasse bedecken, um die Erdnussbutter vollständig abzudecken.
5. Das Blech in den Gefrierschrank stellen und weitere 15-20 Minuten oder bis die Erdnussbuttertassen ausgehärtet sind einfrieren.
6. Bewahren Sie die Reste im Kühlschrank auf.

ZUSÄTZLICHER TIPP

* Die Einfrierzeiten können variieren. Sie sehen, dass die Erdnussbutter-Cups fertig sind, wenn die Schokolade vollständig ausgehärtet ist.

NÄHRWERTINFORMATIONEN (PRO PORTION)

Kohlenhydrate Gesamt: 4 g   **Ballaststoffe: 1 g**   **Kohlenhydrate Netto: 3 g**

Protein: 2 g   **Fett Gesamt: 10 g**   **Kalorien: 107**

MINZE-SCHOKOSPLITTER-SHAKE (GF,P)

ZUTATEN

- » 240ml vollfette Kokosnussmilch
- » 2 Esslöffel ungesüßte Zartbitterschokolade, gehackt
- » 30g Minzblätter
- » ½ Avocado, entkernt
- » 1 Teelöffel reines Vanilleextrakt
- » 1 Esslöffel Zuckerersatz (reinen Ahornsirup der Güteklasse B für eine Paleoversion verwenden)
- » 75g Eis

ANLEITUNG

1. Alle Zutaten in einen Mixer geben und glatt rühren.
2. Genießen Sie es sofort.

ZUSÄTZLICHER TIPP

* Die Menge an Eis, die Sie verwenden, bestimmt, wie dick der Shake sein wird, also passen Sie ihn nach Ihren Wünschen an.

NÄHRWERTINFORMATIONEN (PRO PORTION)

Kohlenhydrate Gesamt: 18 g	Ballaststoffe: 7 g	Kohlenhydrate Netto: 11 g
Protein: 4 g	Fett Gesamt: 21 g	Kalorien: 274

SCHOKOLADENÜBERZOGENE MANDELN (GF,P)

ZUTATEN

» 129g ungesüßte Zartbitterschokolade-Backchips

» 210g ganze Mandeln

» 1 Teelöffel reines Vanilleextrakt

» Prise Meersalz

ANLEITUNG

1. Ein Backblech mit Backpapier auslegen und die Schokoladenstückchen bei schwacher Hitze mit dem Vanilleextrakt in einen Kochtopf geben.
2. Rühren Sie die Schokolade um, bis sie geschmolzen ist.
3. Die Mandeln mit der geschmolzenen Schokolade in den Topf geben und umrühren, bis die Mandeln überzogen sind.
4. Die Mandeln auf das Backblech legen.
5. Mit Salz bestreuen und vor dem Servieren für mindestens 30 Minuten in den Kühlschrank stellen.

ZUSÄTZLICHER TIPP

* Geben Sie eine Prise gemahlenen Zimt zur Schokoladenmischung hinzu, um den Geschmack zu verstärken.

NÄHRWERTINFORMATIONEN (PRO PORTION)

Kohlenhydrate Gesamt: 7 g	Ballaststoffe: 4 g	Kohlenhydrate Netto: 3 g
Protein: 4 g	Fett Gesamt: 15 g	Kalorien: 183

MANDEL-BUTTERKEKSE OHNE MEH (GF)

 10 minuten  10 minuten x18

ZUTATEN

- » 240g ungesüßte Mandelbutter
- » 64g Zuckerersatz (verwenden Sie reinen Ahornsirup der Güteklasse B für eine Paleoversion)
- » 43g ungesüßte dunkle Schokolade Backchips
- » 1 Ei
- » 1 Teelöffel Backpulver
- » 1 Teelöffel reiner Vanilleextrakt
- » Prise Meersalz

ANLEITUNG

1. Den Ofen auf 180ºC vorheizen und ein Backblech mit Backpapier auslegen.
2. Mandelbutter, Ei, Zuckerersatz und Vanille in eine große Rührschüssel geben und gut umrühren.
3. Die restlichen Zutaten zugeben und umrühren.
4. Ca. 2,5cm große Teiglinge auf das Backblech fallen lassen und 10 Minuten backen oder bis die Kanten braun und leicht knusprig sind.

ZUSÄTZLICHER TIPP

* Zögern Sie nicht, die Mandelbutter gegen die Nussbutter Ihrer Wahl auszutauschen.

NÄHRWERTINFORMATIONEN (PRO PORTION)

Kohlenhydrate Gesamt: 10 g	Ballaststoffe: 1 g	Kohlenhydrate Netto: 9 g
Protein: 3 g	Fett Gesamt: 10 g	Kalorien: 137

SNICKERDOODLE-BISSEN (GF)

🥄 **10 minuten**   🕐 **0 minuten**   👤 **x12**

ZUTATEN

» 240g ungesüßte Erdnussbutter (verwenden Sie Mandelbutter für eine Paleoversion)

» 32g Zuckerersatz (verwenden Sie reinen Ahornsirup der Klasse B für eine Paleoversion)

» 43g ungesüßte Zartbitterschokolade-Backchips

» 3 Esslöffel Kokosmehl

» 2 Esslöffel ungesüßte Mandelmilch

» 1 Teelöffel gemahlener Zimt

» 1 Teelöffel reines Vanilleextrakt

» Prise Meersalz

ANLEITUNG

1. Ein Backblech mit Backpapier auslegen.
2. Alle Zutaten in eine Rührschüssel geben und gut vermischen.
3. Für 30 Minuten im Kühlschrank stehen lassen.
4. Aus dem Kühlschrank nehmen und in 12 mundgerechte Kugeln rollen und auf das ausgekleidete Backblech legen. Vor dem Servieren für eine weitere Stunde in den Kühlschrank stellen.
5. Bewahren Sie die Reste im Kühlschrank auf.

ZUSÄTZLICHER TIPP

* Sie können Mandelbutter anstelle von Erdnussbutter verwenden, wenn Sie möchten. Sie können die Bissen auch in ungesüßtem Rohkakaopulver rollen, bevor Sie sie in den Kühlschrank stellen.

NÄHRWERTINFORMATIONEN (PRO PORTION)

Kohlenhydrate Gesamt: 12 g	Ballaststoffe: 3 g	Kohlenhydrate Netto: 9 g
Protein: 7 g	Fett Gesamt: 14 g	Kalorien: 194

Made in the USA
Monee, IL
07 July 2026

56544281R00024